Gestión de la adversidad: obtención de beneficios a partir de situaciones negativas

avanza editorial

Editado por:
EDITORIAL FAE, S.L.U.
Correo electrónico: editorial@editorialfae.com

Gestión de la adversidad: obtención de beneficios a partir de situaciones negativas
Elsa Rubio Dulce

1ª Edición

Se ha puesto el máximo empeño en ofrecer a la persona lectora una información completa y precisa. Sin embargo, Editorial FAE, S.L.U., no asume ninguna responsabilidad derivada de su uso ni tampoco de cualquier violación de patentes ni otros derechos de terceras partes que pudieran ocurrir. Esta publicación tiene por objeto proporcionar unos conocimientos precisos y acreditados sobre el tema tratado. Su venta no supone para el editor ninguna forma de asistencia legal, administrativa o de ningún otro tipo.

ISBN: 978-84-1135-372-4

Impreso en España

Índice

Módulo. 1. Gestión de la adversidad. Obtención de beneficios a partir de situaciones negativas

Introducción

Objetivos

1. Aproximación al concepto de resiliencia
2. Aprendizaje en relación con las técnicas de motivación
3. Desarrollo de estrategias para la superación de limitaciones
4. Realización de prácticas para el desarrollo de las habilidades relativas a la formación

RESUMEN

GLOSARIO

EJERCICIOS DE AUTOEVALUACIÓN

Aplicaciones prácticas

Ejercicio de evaluación final

Solucionario

Bibliografía

Índice

Módulo 1. Gestión de la adversidad. Obtención de beneficios a partir de situaciones negativas

Introducción

La adversidad forma parte inherente de la experiencia humana, especialmente en contextos laborales donde los cambios constantes, las presiones comerciales y las situaciones imprevistas pueden alterar el equilibrio personal y profesional. Ante estas circunstancias, la capacidad de gestionar emocional y mentalmente las dificultades, de adaptarse a los cambios y de resurgir fortalecido se ha convertido en una competencia clave para el desarrollo de cualquier trabajador, especialmente en entornos como el comercio minorista o la atención al cliente.

En este contexto, el presente curso tiene como finalidad dotar a las personas participantes de herramientas prácticas para comprender y entrenar la resiliencia, potenciar una actitud positiva ante los retos y desarrollar estrategias personales para convertir las situaciones negativas en oportunidades de crecimiento y mejora.

Se abordarán tanto conocimientos teóricos (conceptos como resiliencia, motivación o gestión del cambio), como habilidades prácticas (dinámicas de desarrollo personal, técnicas de motivación y recursos de afrontamiento), poniendo el énfasis en la aplicabilidad inmediata en la vida profesional y personal.

Objetivos

- Comprender el concepto de resiliencia y su aplicación en contextos laborales.
- Identificar las principales estrategias de afrontamiento ante situaciones adversas.
- Conocer técnicas básicas de motivación personal y automotivación.
- Fomentar la confianza en los propios recursos y potencialidades.
- Potenciar una actitud positiva ante los cambios y las dificultades.
- Desarrollar habilidades para reformular situaciones negativas como oportunidades de crecimiento.
- Aplicar técnicas prácticas para la gestión emocional y mental de la adversidad.
- Valorar la importancia de la autogestión emocional en entornos comerciales.
- Desarrollar dinámicas para el entrenamiento de la superación personal y la adaptación.
- Reflexionar sobre experiencias adversas pasadas como fuente de aprendizaje y mejora.

1. Aproximación al concepto de resiliencia

La **resiliencia** es un concepto clave en el ámbito del desarrollo personal, especialmente en contextos donde las personas enfrentan situaciones negativas, frustraciones o pérdidas.

Fig. 1. Comprender el significado de la resiliencia y su funcionamiento es el primer paso para fortalecer esta capacidad en uno mismo y en los demás

La resiliencia puede definirse como la **capacidad** de una persona para afrontar la adversidad, adaptarse a las circunstancias difíciles y salir fortalecida del proceso. No se trata de ignorar el sufrimiento o negar el dolor, sino de asumir la realidad, gestionar las emociones y encontrar un nuevo equilibrio.

Vocabulario

Resiliencia: Término que proviene del latín *resilire*, que significa "saltar hacia atrás" o "rebotar". En psicología, se refiere a la capacidad de adaptación positiva frente a situaciones adversas.

Este concepto ha sido objeto de estudio por parte de la psicología desde mediados del siglo XX, inicialmente centrado en niños que, a pesar de crecer en entornos hostiles, lograban un desarrollo emocional y social saludable. Con el tiempo, su aplicación se ha extendido al ámbito laboral, educativo y comunitario.

Recuerda

La resiliencia no es innata, se entrena.

Aunque la resiliencia se aborda habitualmente desde una perspectiva individual, también puede analizarse en distintos niveles, ya que no solo las personas, sino también los grupos y organizaciones desarrollan mecanismos de afrontamiento. Podemos distinguir tres formas principales de resiliencia:

- **Resiliencia personal**: Es la capacidad individual para adaptarse y recuperarse de situaciones difíciles. Implica factores internos como la autoestima, la gestión emocional, la motivación y el sentido de propósito. Es el tipo más desarrollado en este módulo, y constituye la base sobre la cual se construyen otros tipos de resiliencia.

- **Resiliencia comunitaria**: Se refiere a la capacidad de un grupo social (familia, barrio, comunidad educativa, etc.) para enfrentar conjuntamente crisis o situaciones adversas, como desastres naturales, desempleo masivo o conflictos. Está basada en la solidaridad, la cooperación, la cohesión social y la capacidad de generar redes de apoyo colectivo.

Ejemplo

Tras una fuerte inundación en el barrio, los vecinos de la zona se organizan para repartir alimentos, alojar a las personas afectadas y limpiar las calles. La comunidad actúa unida, apoyándose mutuamente mientras esperan la ayuda institucional.

- **Resiliencia organizacional**: Hace referencia a la habilidad de una empresa, institución o entidad para adaptarse a cambios repentinos, superar crisis internas o externas (como una crisis económica o una reestructuración), y mantener su funcionamiento y objetivos. Las organizaciones resilientes promueven una cultura flexible, liderazgos conscientes y estructuras de comunicación abiertas.

Ejemplo

Una pequeña empresa de distribución adapta su modelo de negocio durante una crisis de suministros. Rediseña su cadena logística, ofrece nuevos productos y refuerza la comunicación interna. Gracias a estas medidas, consigue mantener su actividad y cuidar a su equipo.

Uno de los aspectos fundamentales de la resiliencia es que no es una cualidad exclusiva de personas excepcionales, sino una **capacidad** que todas las personas pueden desarrollar y fortalecer a través del aprendizaje, la práctica y la reflexión.

Ejemplo

Sofía acaba de atravesar una ruptura afectiva tras una relación de cinco años. Durante las primeras semanas, se siente bloqueada emocionalmente y desmotivada. Sin embargo, decide aceptar su tristeza como parte del proceso y hablar abiertamente con sus amistades más cercanas. Comienza a escribir un diario donde registra sus pensamientos y emociones, y reconoce sus propias necesidades. Además, retoma actividades que había dejado de lado, como la natación y la música. Al cabo de unos meses, no solo se siente emocionalmente más fuerte, sino que ha aprendido a identificar patrones de dependencia emocional y a reforzar su autonomía. Ha aplicado estrategias resilientes como la aceptación activa, la búsqueda de red de apoyo y el fortalecimiento de su autoestima.

Fig. 2. Reconocer los factores vinculados a la resiliencia ayuda a fortalecer aquellos que ya se poseen y a trabajar en los que aún necesitan desarrollarse

El desarrollo de la resiliencia no ocurre de forma espontánea ni uniforme en todas las personas. Está determinado por un conjunto de factores que interactúan entre sí, y que se pueden clasificar en **internos** (vinculados a la personalidad y los recursos psicológicos propios) y **externos** (relacionados con el entorno social, familiar y laboral).

A. Factores internos (personales)

Estos factores hacen referencia a los recursos psicológicos, emocionales y actitudinales que cada persona posee y que permiten enfrentar situaciones difíciles desde la propia iniciativa y autogestión. Se construyen con la experiencia, la reflexión y el aprendizaje vital. Destacan:

- **Autoconocimiento**: El autoconocimiento consiste en identificar y comprender los propios pensamientos, emociones, fortalezas y debilidades. Las personas resilientes saben cómo reaccionan ante el estrés, qué les afecta más intensamente y cuáles son sus límites. Este conocimiento les permite actuar con mayor eficacia y no dejarse arrastrar por impulsos o emociones descontroladas.
- **Autoestima**: Una autoestima sólida permite a la persona confiar en su valía personal y en su derecho a ser respetada y cuidada, incluso en medio de un entorno hostil o incierto. Cuando se enfrenta la adversidad con una visión positiva de uno mismo, es más fácil mantener la motivación, asumir riesgos medidos y reconstruirse tras un fracaso.
- **Sentido del humor**: El sentido del humor actúa como válvula de escape emocional. Saber reírse de uno mismo y encontrar elementos de humor incluso en situaciones complejas permite aliviar tensiones y tomar perspectiva. No se trata de frivolizar los problemas, sino de encontrar en el humor una forma saludable de resistencia emocional.
- **Autonomía emocional**: La autonomía emocional implica la capacidad de tomar decisiones sin depender excesivamente del juicio de los demás, incluso en situaciones de presión o incertidumbre. Las personas resilientes gestionan sus emociones y responden desde la reflexión, no desde la reactividad. Esta autonomía les permite mantener el control en entornos cambiantes o adversos.

B. Factores externos (ambientales)

Los **factores externos** son aquellos elementos del entorno social, familiar o laboral que ofrecen apoyo, contención, seguridad o modelos a seguir. Aunque no dependen directamente de la voluntad individual, sí pueden buscarse, fortalecerse o cultivarse de manera proactiva. Aquí destacan:

1. **Red de apoyo**: Una red de apoyo sólida, formada por amistades, familiares, compañeros de trabajo o incluso figuras profesionales, actúa como fuente de contención emocional y de recursos prácticos. Saber que no se está solo ante una dificultad incrementa la confianza y reduce el miedo.

Fig. 3. Las personas resilientes no siempre lo hacen todo solas: saben cuándo pedir ayuda y a quién acudir

 **Vocabulario**

Red de apoyo: Conjunto de personas y recursos que brindan ayuda emocional, social o práctica en momentos de necesidad.

2. **Entorno seguro y estable**: Contar con un entorno físico y emocional donde se puedan expresar emociones sin temor a juicios o represalias facilita la recuperación. En el ámbito laboral, esto se traduce en espacios de trabajo que promuevan la confianza, la comunicación abierta y el respeto mutuo. La

estabilidad no significa ausencia de cambio, sino sensación de control mínimo sobre las propias circunstancias.

3. **Modelos de comportamiento positivo**: Observar a otras personas que han superado dificultades similares puede tener un efecto poderoso. Estos modelos no solo inspiran, sino que demuestran que es posible salir adelante. Pueden ser figuras cercanas (un colega que superó una crisis económica) o públicas (una emprendedora que reconstruyó su negocio tras un fracaso). Las personas resilientes aprenden de los ejemplos ajenos, no para imitarlos, sino para nutrirse de estrategias y actitudes que pueden adaptar a su realidad.

La presencia de estos factores no garantiza que una persona sea resiliente, pero aumenta significativamente sus posibilidades de **adaptarse positivamente** a la adversidad.

La resiliencia no es una cualidad unidimensional, sino que se compone de distintas **habilidades y actitudes**. Estas son algunas de las más destacadas:

- **Capacidad de adaptación**: ajustar la conducta y las expectativas ante cambios o pérdidas.
- **Gestión emocional**: identificar, aceptar y canalizar las emociones intensas o negativas.
- **Pensamiento positivo realista**: mantener la esperanza sin negar la realidad.
- **Sentido de propósito**: encontrar significado en las experiencias, incluso en las más dolorosas.

Vocabulario

Pensamiento positivo realista: Forma de pensar que combina una actitud esperanzadora con una valoración crítica y objetiva de las circunstancias.

En el ámbito laboral, la resiliencia permite a las personas mantener la motivación, adaptarse a cambios en el entorno, gestionar el trato con clientes difíciles y transformar errores o fracasos en aprendizajes valiosos. No se trata de eliminar las dificultades, sino de cambiar la manera en que se enfrentan. Al considerar sus efectos, es útil distinguir entre los **beneficios** a nivel individual y su **impacto** dentro de los entornos organizativos: una persona resiliente no solo mejora su bienestar emocional, sino que también contribuye de forma positiva al equipo y al funcionamiento general de la empresa. Entre los beneficios más destacados en el entorno laboral se encuentran:

- **Reducción del estrés y del agotamiento emocional**, al contar con mejores herramientas para manejar la presión.
- **Mejora del clima laboral**, al fomentar actitudes positivas y colaborativas incluso en momentos difíciles.
- **Incremento de la productividad**, ya que las personas resilientes mantienen su rendimiento incluso en contextos adversos.
- **Menor rotación de personal**, gracias a una mayor satisfacción, implicación y sentido de propósito en el trabajo.
- **Reducción del absentismo**, ya que las personas resilientes desarrollan una mayor capacidad de afrontamiento ante problemas personales o laborales.

Además, la resiliencia está directamente relacionada con habilidades laborales clave. Por ejemplo, un trabajador con alta resiliencia suele mostrar una mayor adaptación al cambio, tolerancia a la frustración, capacidad de liderazgo en situaciones difíciles y habilidades para la resolución de conflictos desde la calma y la reflexión. Esto convierte a la resiliencia en una **competencia transversal** de gran valor para la empresa.

Ejemplo

Marta, encargada de una tienda de ropa, sufre una caída en las ventas debido a un cambio en la ubicación del local. Durante varias semanas, se siente desanimada, teme por la viabilidad del negocio y comienza a dudar de sus capacidades.

Desarrollo resiliente: Tras una conversación con una amiga que también es comerciante, Marta decide analizar las causas del descenso y explorar nuevas estrategias. Se apoya en su equipo, reorganiza el escaparate, aumenta su presencia en redes sociales y lanza una campaña de fidelización. Aunque los resultados no son inmediatos, su actitud cambia: en lugar de paralizarse, Marta actúa, aprende y adapta su modelo de negocio.

Resultado: A los tres meses, recupera parte del volumen de ventas. Más allá del aspecto económico, Marta se siente más segura de sí misma, reconoce su capacidad de superar crisis y mejora la cohesión con su equipo. Ha puesto en práctica su resiliencia.

A continuación, se presentan algunas estrategias específicas que permiten fortalecer esta habilidad tanto en el ámbito personal como profesional. Estas estrategias combinan recursos emocionales, cognitivos y prácticos, y pueden integrarse progresivamente en la vida cotidiana:

- **Establecer rutinas flexibles:** Tener hábitos diarios proporciona estructura y seguridad ante situaciones de incertidumbre. Al mismo tiempo, es necesario que estas rutinas no sean rígidas, para permitir adaptaciones en momentos de crisis.

Sugerencia

Organiza tus días con un esquema base (horarios de sueño, alimentación, descanso), pero deja espacio para imprevistos. La previsibilidad reduce el estrés; la flexibilidad evita el colapso cuando algo cambia.

- **Desarrollar el pensamiento flexible:** Interpretar los hechos desde diferentes perspectivas ayuda a reducir el impacto emocional negativo y facilita la toma de decisiones más equilibradas.

Sugerencia

Ante un contratiempo, pregúntate: "¿Qué otras formas hay de ver esta situación?" o "¿Qué podría aprender de esto, aunque no me guste?" Cambiar la narrativa interna es clave en la resiliencia.

- **Fortalecer los vínculos afectivos:** Las relaciones de confianza actúan como red de seguridad emocional. La resiliencia individual se nutre del apoyo colectivo.

Sugerencia

Dedica tiempo a mantener contacto con personas que te hagan sentir escuchado y valorado. No esperes a tener un problema para fortalecer tu red: cuídala de forma constante.

- **Fomentar el sentido del propósito:** Tener un motivo personal por el cual seguir adelante facilita la perseverancia y el enfoque ante la dificultad.

Sugerencia

Haz una lista con tus valores fundamentales y proyectos significativos. Cuando te sientas bloqueado, retoma esa lista para recordar por qué haces lo que haces y hacia dónde quieres ir.

- **Practicar la autorregulación emocional:** Identificar, nombrar y canalizar las emociones sin reprimirlas ni exagerarlas ayuda a mantener la estabilidad y la claridad.

Sugerencia

Utiliza técnicas como la respiración consciente, la escritura emocional o breves pausas de reflexión durante el día para reconocer cómo te sientes y responder, en lugar de reaccionar.

- **Reforzar la autocompasión:** Tratarse con amabilidad cuando las cosas no salen bien es fundamental para no caer en la culpa paralizante.

Sugerencia

Evita frases como "no debería sentirme así" o "todo es culpa mía". En su lugar, di: "Estoy haciendo lo mejor que puedo con lo que tengo".

- **Registrar logros y aprendizajes:** Recordar que ya se han superado otras dificultades ayuda a confiar en los propios recursos y a mantener la motivación.

Sugerencia

Crea un "diario de fortalezas" donde anotes cada semana algo que hayas hecho bien o algún obstáculo que hayas manejado con éxito. Este registro servirá como refuerzo en momentos críticos.

Estas estrategias pueden integrarse poco a poco, sin necesidad de grandes transformaciones. Cuanto más se entrenan, más accesibles resultan en momentos de dificultad. La resiliencia no se improvisa: se cultiva día a día.

2. Aprendizaje en relación con las técnicas de motivación

La **motivación** es una de las fuerzas internas más determinantes para superar situaciones adversas. Representa el motor que impulsa a actuar, a persistir en los objetivos y a buscar alternativas cuando los caminos habituales se bloquean. En contextos difíciles, contar con recursos motivacionales no solo incrementa la probabilidad de éxito, sino que reduce el desgaste emocional y fomenta una actitud activa ante el cambio.

La motivación puede definirse como el conjunto de razones, estímulos o necesidades que provocan la conducta de una persona y le dan dirección. Se trata de un fenómeno complejo que se alimenta tanto de factores internos (valores, metas personales, necesidades) como externos (recompensas, reconocimiento, consecuencias del entorno).

Fig. 4. Desarrollar técnicas de motivación no implica esperar a que surjan emociones positivas de forma espontánea, sino aprender a generar, sostener y renovar la motivación mediante estrategias concretas

Vocabulario

Motivación: Proceso psicológico que inicia, guía y mantiene la conducta orientada a un objetivo.

Existen distintas formas de clasificar la motivación. Una de las más utilizadas distingue entre motivación intrínseca y motivación extrínseca:

A. Motivación intrínseca

Es aquella que nace del **interior** de la persona, sin necesidad de recompensas externas. Se basa en el interés, el disfrute, el compromiso con valores personales o la satisfacción de hacer algo que se considera valioso por sí mismo. Este tipo de motivación es más **estable a largo plazo** y fortalece la resiliencia.

Ejemplos de esta motivación sería sentir satisfacción al aprender algo nuevo, aunque no tenga una recompensa directa.

B. Motivación extrínseca

Se refiere a la motivación que proviene de **factores externos** al individuo, como recompensas económicas, reconocimiento social, presión del entorno o miedo al castigo. Aunque puede ser útil para iniciar acciones, si se utiliza de forma exclusiva puede generar dependencia o pérdida de sentido personal.

Por ejemplo, esforzarse en el trabajo por miedo a perder el empleo o por obtener una bonificación.

Por su parte, las **técnicas de motivación** pueden entrenarse y adaptarse según el momento y la situación. A continuación, se describen algunas de las más efectivas para el afrontamiento de situaciones difíciles:

- **Establecimiento de metas realistas y específicas:** Tener un objetivo claro proporciona dirección. En situaciones adversas, es esencial dividir los grandes objetivos en pequeñas metas alcanzables, para evitar la sensación de bloqueo o fracaso.

Fig. 5. Las metas realistas son objetivos concretos, medibles y adaptados a las condiciones actuales de la persona

En lugar de proponerse "salir adelante con el negocio", plantear metas concretas como "aumentar un 10 % la clientela en un mes".

- **Refuerzo positivo:** El refuerzo positivo consiste en reconocer los **logros**, por pequeños que sean. En contextos de dificultad, celebrar cada paso adelante ayuda a mantener la energía mental y a consolidar hábitos positivos. Puede incluir recompensas tangibles (una actividad placentera tras una tarea difícil) o intangibles (autorreconocimiento, felicitaciones del entorno).

- **Visualización positiva:** La visualización es una técnica que consiste en imaginar mentalmente un **escenario deseado**, con todos sus detalles. Esta herramienta genera emociones positivas, reduce la ansiedad y prepara al cerebro para actuar.

Ejemplo

Carmen lleva años en un empleo que ya no le aporta satisfacción. Aunque tiene estabilidad económica, siente que ha dejado de crecer como persona. Tras semanas de reflexión, decide elaborar un plan para reorientar su vida profesional. Visualiza cómo sería estudiar una nueva carrera, crea un mapa de metas, escribe autoafirmaciones como "Tengo derecho a elegir mi camino" y "Cada paso es una oportunidad de aprendizaje". A pesar del miedo al cambio, Carmen se matricula en una formación a distancia y reorganiza sus horarios para compatibilizarlo con su trabajo. Esta decisión mejora su autoestima, su motivación y su percepción de futuro. La motivación intrínseca, reforzada con estrategias prácticas, le ha permitido tomar las riendas de una elección vital.

- **Uso de frases motivacionales o autoafirmaciones:** El lenguaje interno influye directamente en la motivación. Las personas resilientes suelen tener un diálogo interno que refuerza su capacidad de acción. Las autoafirmaciones son frases breves que refuerzan la confianza y la intención positiva.

Ejemplo

Por ejemplo:
"Tengo la capacidad de aprender de esta situación."
"Puedo cometer errores y seguir adelante."

- **Reconexión con los valores personales:** Cuando las motivaciones externas fallan, los valores personales (como la honestidad, el compromiso, la superación o la familia) se convierten en anclas internas de sentido. Recordar por qué se comenzó un proyecto o qué se desea aportar al mundo puede revitalizar la motivación. Los valores personales son principios o convicciones profundas que guían el comportamiento de una persona y dan sentido a sus decisiones.

Estas técnicas de motivación personal son también herramientas fundamentales en la **gestión de equipos** y el impulso del rendimiento organizativo. Aplicadas correctamente, estas técnicas impactan en distintos ámbitos del entorno laboral, logrando lo siguiente:

- **Incremento del compromiso profesional** y la implicación en las tareas asignadas.
- **Reducción de la rotación del personal**, al aumentar la satisfacción con el trabajo.
- **Estímulo del liderazgo participativo**, ya que los líderes motivados contagian su actitud a sus equipos.
- **Fomento de la creatividad y la innovación**, especialmente cuando se utiliza la motivación intrínseca para explorar nuevas ideas.
- **Mejora de la comunicación interna**, al establecer metas compartidas y un lenguaje positivo.

Por ejemplo, en contextos de atención al cliente o comercio minorista, estas técnicas permiten al personal mantener una **actitud profesional positiva**, incluso en jornadas intensas o frente a clientes difíciles. Así, la motivación actúa como un motor de sostenibilidad emocional y como una vía para mantener la excelencia en la atención.

Ejemplo

Javier trabaja como responsable de atención al cliente en una tienda. Tras varios meses de tensión económica en el comercio, las quejas aumentan y el equipo pierde motivación. Javier comienza a sentirse estancado y desanimado.

Javier aplica las siguientes técnicas motivacionales:

- Javier redefine sus metas: en lugar de intentar "mejorar todo", se propone como primer paso mejorar el ambiente con sus compañeros.
- Cada viernes dedica cinco minutos a felicitar a un compañero por algo que haya hecho bien.
- Visualiza cómo sería un día laboral fluido y positivo.
- Anota en una libreta frases que le ayudan a recuperar la energía, como "Esto también pasará".
- Recuerda que su vocación inicial era ayudar a las personas a resolver problemas, y conecta con ese valor en su día a día.

Resultado: Poco a poco, Javier recupera la iniciativa y el entusiasmo. Su actitud impacta positivamente en el equipo y mejora la atención al cliente. Aunque las circunstancias externas no cambian de forma inmediata, su manera de enfrentarlas sí lo hace, gracias a la motivación gestionada conscientemente.

En las últimas décadas, la **psicología positiva** ha ofrecido nuevas perspectivas sobre la motivación humana, centradas no solo en la ausencia de malestar, sino en el florecimiento y el desarrollo del potencial. Entre las teorías más influyentes destacan las siguientes:

- **La Teoría de la Autodeterminación** (Deci y Ryan): Plantea que la motivación más profunda y sostenible surge cuando se satisfacen tres necesidades psicológicas básicas:

  - **Autonomía**: Sentir que se tiene control sobre las propias acciones.
  - **Competencia**: Percibirse capaz de lograr lo que uno se propone.
  - **Vinculación**: Sentirse conectado con los demás.

  Cuando estas necesidades se ven satisfechas en el contexto laboral o personal, la motivación aumenta de forma natural y se vuelve más estable.

Ejemplo

Una persona que decide voluntariamente emprender un proyecto personal percibe que lo hace bien y cuenta con el apoyo de su entorno, mantendrá un nivel alto de motivación sin necesidad de incentivos externos.

- **La Teoría del Bienestar PERMA** (Seligman): Seligman propone que la motivación humana está orientada al bienestar, el cual se compone de cinco pilares fundamentales:

  - **P** (*Positive emotions*): Emociones positivas
  - **E** (*Engagement*): Compromiso
  - **R** (*Relationships*): Relaciones positivas
  - **M** (*Meaning*): Sentido
  - **A** (*Accomplishment*): Logro

Cuanto más presente esté cada uno de estos elementos en la vida de una persona, mayor será su motivación para actuar, crecer y superar obstáculos. Esta teoría es especialmente útil para vincular la motivación con la resiliencia a largo plazo.

Anotación

Ambos modelos complementan las teorías clásicas de la motivación al subrayar la importancia del sentido personal, el compromiso emocional y el entorno afectivo. En contextos adversos, ayudan a reorientar la motivación hacia lo que fortalece y da propósito.

3. Desarrollo de estrategias para la superación de limitaciones

Las **limitaciones** pueden presentarse de múltiples formas: económicas, personales, emocionales, sociales o contextuales. Algunas son estructurales y externas, como la falta de recursos materiales o un entorno desfavorable. Otras son internas y autoimpuestas, como los miedos, la inseguridad o los hábitos negativos. Superarlas no significa necesariamente eliminarlas, sino **crear** estrategias realistas y sostenibles para avanzar a pesar de ellas.

Fig. 6. La clave no está en negar las barreras, sino en aprender a rodearlas, escalar sobre ellas o transformar la manera en que se perciben

La resiliencia implica, precisamente, **reformular** los límites como desafíos asumibles, y no como impedimentos definitivos.

Una **limitación** es cualquier obstáculo, condición o característica que restringe el desarrollo de una acción o el cumplimiento de un objetivo. Puede tener origen externo (como una normativa, una situación económica o una enfermedad) o interno (como una baja autoestima, la falta de habilidades o el miedo al fracaso).

Existen diversas maneras de afrontar una limitación. Las personas resilientes combinan el análisis realista con la creatividad práctica. A continuación, se presentan **cuatro enfoques complementarios**, que pueden aplicarse de manera flexible:

A. Reconocer y aceptar la limitación

El primer paso es **identificar** con claridad qué es lo que limita. Esto requiere una observación honesta, sin minimizar ni dramatizar. Negar una limitación suele perpetuarla. Aceptarla no implica resignarse, sino comprender el punto de partida para el cambio.

Vocabulario

Aceptación activa: Proceso mediante el cual se reconoce una realidad sin resistencia emocional, con el fin de actuar desde ella de manera consciente.

B. Reformular la perspectiva

Consiste en **cambiar** el marco desde el que se interpreta la limitación. A veces, una debilidad aparente puede convertirse en una fuente de creatividad o una oportunidad de aprendizaje. Este proceso, conocido como **reestructuración cognitiva,** es una herramienta muy valiosa en contextos adversos.

Una persona con escasos recursos tecnológicos puede desarrollar métodos más directos de contacto con clientes, fortaleciendo el vínculo personal.

C. Desarrollar competencias compensatorias

Cuando una limitación es estable o no puede modificarse fácilmente, la mejor estrategia puede ser **fortalecer** otras competencias que compensen esa dificultad. Esto implica identificar habilidades aliadas y potenciarlas.

Si una persona tiene dificultades para hablar en público, puede reforzar su comunicación escrita y su capacidad de planificación.

D. Diseñar un plan de acción adaptado

La superación de una limitación requiere planificación. Se trata de **establecer** objetivos realistas, plazos asumibles y recursos accesibles. Un plan de acción adaptado es flexible, incorpora posibles imprevistos y contempla la posibilidad de error sin abandonar la dirección deseada.

Plan de acción adaptado: Estrategia concreta y flexible para lograr un objetivo, diseñada teniendo en cuenta las limitaciones y los recursos disponibles.

Ejemplo

Iván ha sido diagnosticado con hipertensión, una noticia que inicialmente le genera ansiedad y sensación de descontrol. En lugar de caer en la pasividad, Iván decide asumir su salud como un proyecto personal. Se informa sobre su condición, busca apoyo en un grupo de pacientes, y comienza a practicar yoga y meditación diaria. Aunque la enfermedad sigue presente, desarrolla nuevas competencias relacionadas con la gestión emocional, la planificación de comidas y la actividad física adaptada. Estas acciones no solo le permiten mejorar su estado físico, sino que también fortalecen su sensación de agencia y capacidad para tomar decisiones conscientes sobre su bienestar.

Cuando se desarrollan estrategias eficaces para afrontar limitaciones se fortalecen competencias para el trabajo cotidiano. **Superar barreras** personales supone una mayor capacidad para gestionar retos laborales, lo que se puede traducir en:

- **Incremento de la capacidad resolutiva**, al entrenar una actitud orientada a soluciones.
- **Reducción de la resistencia al cambio**, lo que facilita procesos de transformación organizativa.
- **Fomento de la proactividad**, al dejar de centrarse en lo que no se puede cambiar y actuar sobre lo posible.
- **Desarrollo de habilidades complementarias**, como la gestión del tiempo, la planificación estratégica o la negociación constructiva.
- **Mejora de la autoestima profesional**, al percibir logros a pesar de las dificultades.

La **resiliencia laboral** se consolida precisamente cuando las personas son capaces de transformar sus obstáculos en oportunidades de aprendizaje, mejorando así su valor dentro del equipo y su adaptabilidad ante entornos volátiles.

Además de los enfoques anteriores, es posible complementar la estrategia de superación de limitaciones con **herramientas prácticas** que permiten pasar de la reflexión a la acción.

Estas herramientas también encuentran una gran aplicabilidad en el ámbito laboral, especialmente en entornos dinámicos o bajo presión:

- **Listas de control**, que permiten desglosar un objetivo complejo en tareas pequeñas, claras y manejables. Su uso es frecuente en la gestión de proyectos y ayuda a reducir la sensación de bloqueo. En el contexto profesional, facilitan la organización del trabajo, aumentan la eficiencia y permiten un seguimiento más realista del progreso, reduciendo así la procrastinación y el estrés por acumulación de tareas.

- **Técnicas de resolución de problemas**, que consisten en identificar alternativas posibles, valorar las consecuencias de cada una y elegir la opción más viable según los recursos disponibles. Aplicadas al entorno laboral, refuerzan habilidades como la toma de decisiones, la proactividad y la capacidad de análisis, muy valoradas en contextos de liderazgo, gestión de crisis o mejora continua.

- **Apoyo externo**, entendido como la capacidad de buscar y aceptar ayuda, compartir las dificultades o delegar parte de la carga. En el trabajo, recurrir a una **red de apoyo profesional** (compañeros, superiores, mentores, servicios de prevención de riesgos psicosociales) contribuye a una mayor cohesión del equipo, mejora la gestión emocional compartida y evita el aislamiento ante los problemas.

- **Entrenamiento en habilidades blandas**, como la comunicación asertiva, la negociación constructiva, la escucha activa o la creatividad adaptativa. Estas competencias permiten afrontar situaciones conflictivas con mayor autocontrol, facilitar acuerdos, generar ideas innovadoras frente a limitaciones y mejorar la calidad de las relaciones interpersonales en cualquier ámbito. En lo personal, fortalecen la autoestima y la expresión emocional; en lo laboral, aumentan la influencia positiva del individuo en su entorno y favorecen climas colaborativos.

Ejemplo

Paula dirige una pequeña librería de barrio. Uno de sus principales obstáculos es la falta de presupuesto para competir con grandes plataformas digitales. Durante meses, se siente limitada, frustrada y considera cerrar.

Paula aplica las siguientes estrategias:

1. **Reconocimiento**: Acepta que no puede competir en precios o catálogo con grandes plataformas.
2. **Reformulación**: Reenfoca su propuesta hacia la atención personalizada y la selección de libros recomendados.
3. **Competencias compensatorias**: Mejora su presencia en redes sociales con contenido cultural local y recomendaciones lectoras propias.
4. **Plan adaptado**: Diseña un calendario de actividades en la librería (club de lectura, cuentacuentos, firma de libros), con bajo coste, pero alto impacto comunitario.

Resultado: Paula no elimina su limitación presupuestaria, pero rediseña su modelo de negocio, fideliza a su clientela y posiciona su librería como un espacio cultural del barrio. La resiliencia no le ha quitado el problema, pero le ha permitido avanzar a través de él con nuevas estrategias.

4. Realización de prácticas para el desarrollo de las habilidades relativas a la formación

El desarrollo de la resiliencia y la gestión de la adversidad no se logra únicamente a través del conocimiento teórico. Requiere de **prácticas vivenciales**, es decir, de experiencias guiadas que permitan entrenar habilidades concretas: emocionales, cognitivas, sociales y comunicativas. La formación orientada al cambio real debe generar contextos donde las personas experimenten, reflexionen, ensayen y consoliden competencias, en un entorno de apoyo y acompañamiento.

Las habilidades que fortalecen la resiliencia, como la gestión emocional, la toma de decisiones, la automotivación o la comunicación asertiva, son habilidades complejas y dinámicas. No se aprenden simplemente escuchando o leyendo sobre ellas. Se construyen mediante la repetición consciente, la retroalimentación significativa y el aprendizaje en interacción con los demás.

Vocabulario

Habilidad: Capacidad adquirida para ejecutar tareas o resolver problemas de forma eficaz mediante el aprendizaje, la práctica y la experiencia.

Toda práctica formativa destinada al desarrollo de habilidades resilientes debe considerar los siguientes principios:

- **Enfoque activo y experiencial:** La persona participante debe estar en el **centro** del proceso de aprendizaje, involucrándose activamente en dinámicas que impliquen emociones, reflexión y acción. Aprendemos mejor cuando vivimos una situación, la analizamos y encontramos su sentido personal.

- **Entorno seguro y de confianza:** Para poder poner en práctica habilidades como expresar emociones, pedir ayuda o compartir errores, se requiere un espacio de confianza psicológica.

Fig. 7. Un entorno formativo seguro permite que las personas se arriesguen sin temor al juicio

Vocabulario

Confianza psicológica: Clima de seguridad interpersonal que permite expresarse con autenticidad sin temor a consecuencias negativas.

- **Aplicación práctica en situaciones reales:** Las prácticas deben vincularse con la vida cotidiana y profesional de las personas. Cuanto más cercana sea la situación al entorno real, mayor será el impacto del aprendizaje.

- **Evaluación formativa y orientada a la mejora:** Más que calificar, la evaluación debe servir para el aprendizaje, proporcionando retroalimentación específica, constructiva y personalizada.

A continuación, se presentan algunas dinámicas concretas que pueden utilizarse en un curso formativo:

- ***Role-playing* (juego de roles):** Simulación de una situación desafiante (por ejemplo, recibir una queja injusta de un cliente o enfrentarse a una pérdida de ingresos) para practicar habilidades como la regulación emocional, la comunicación asertiva o la toma de decisiones bajo presión.
- **Diarios reflexivos:** Espacio escrito o digital donde cada participante anota emociones, reacciones y aprendizajes ante situaciones reales vividas durante la formación.

- **Mapas de resiliencia personal:** Actividad en la que se identifican fortalezas personales, apoyos disponibles, recursos internos y estrategias ya utilizadas en el pasado.

Fig. 8. Un diario reflexivo favorece el autoconocimiento y el desarrollo de una mirada crítica sobre uno mismo

Permite reconocer que ya existen habilidades previas sobre las que construir.

- **Talleres de automotivación:** Ejercicios guiados para reconectar con metas personales, elaborar frases de refuerzo, visualizar situaciones de éxito o diseñar tableros de inspiración. Esto favorece el entrenamiento en la motivación intrínseca.

Las prácticas deben orientarse a desarrollar habilidades en al menos cuatro ámbitos esenciales:

Ámbito de habilidad	Ejemplo de práctica
Emocional.	Técnicas de respiración consciente, meditación guiada.
Cognitivo.	Resolución de problemas, reformulación de pensamientos negativos.
Social.	Dinámicas grupales de apoyo, escucha activa y retroalimentación.
Comunicativo.	Prácticas de diálogo constructivo, lenguaje no violento.

 **Vocabulario**

Comunicación no violenta: Modelo de interacción basado en la honestidad, la empatía y la expresión de necesidades sin agresión ni juicio.

Las habilidades entrenadas deben conectarse directamente con las demandas del mundo laboral. A través de las actividades propuestas, se potencia:

- La **adaptación al cambio**, mediante dinámicas que entrenan la flexibilidad mental y la gestión emocional.
- El **liderazgo consciente**, al fomentar la toma de decisiones reflexiva y la regulación emocional frente al grupo.
- La **gestión del estrés laboral**, mediante ejercicios de visualización, mindfulness o resolución de conflictos.
- La **mejora del trabajo en equipo**, a través de prácticas de comunicación empática, escucha activa y cooperación.
- La **resolución eficaz de problemas**, integrando los recursos personales y la colaboración entre pares.

Estas habilidades fortalecen tanto al individuo como al conjunto de las organizaciones, generando culturas laborales más saludables, resilientes y preparadas para el cambio.

Ejemplo

Durante el curso, los participantes de una sesión sobre resiliencia en pequeños comercios realizan una práctica grupal titulada "Un día difícil". En esta actividad, cada persona representa un rol: un comerciante que ha sufrido una pérdida importante, un cliente difícil, un compañero de trabajo, y un facilitador.

La práctica se desarrolla de la siguiente forma:

- Se simula una jornada donde se produce un incidente estresante (un pedido no llega a tiempo, una queja injustificada).
- El comerciante debe gestionar la situación utilizando herramientas trabajadas: autorregulación emocional, comunicación clara, búsqueda de ayuda.
- Tras la simulación, el grupo reflexiona sobre las reacciones observadas, lo que funcionó y lo que podría mejorarse.

Resultado: Los participantes se dan cuenta de que muchas reacciones automáticas pueden transformarse con entrenamiento. Reconocen sus patrones habituales y descubren nuevas formas de afrontar el estrés. La práctica les permite ensayar sin riesgo real y construir una base de confianza para aplicar lo aprendido en su contexto laboral.

Las habilidades que se han trabajado a lo largo del módulo (resiliencia, motivación, estrategias de afrontamiento y superación de limitaciones) no actúan de manera aislada. En la vida real, las personas enfrentan situaciones complejas en las que deben aplicar varios recursos simultáneamente para adaptarse, tomar decisiones y mantener el equilibrio emocional.

Para finalizar, se expone un **caso práctico**, que muestra cómo se integran las habilidades vistas en un proceso personal de gestión de la adversidad.

Ana tiene 38 años. Trabaja como dependienta en una tienda desde hace más de una década. A lo largo de un mismo año, vive una acumulación de acontecimientos difíciles: una reestructuración laboral que le genera incertidumbre, el diagnóstico de una enfermedad crónica leve, y la ruptura de una relación de pareja larga. A pesar de sentirse inicialmente sobrepasada, Ana decide enfrentarlo de manera activa.

1. **Primer momento: toma de conciencia y aceptación.** Ana experimenta tristeza, irritabilidad y fatiga constante. En lugar de ocultar o negar estas emociones, las reconoce y les da espacio. Comienza a escribir un diario personal donde describe su estado emocional y los cambios que atraviesa. **Acepta activamente** que está pasando por una etapa crítica, sin culparse ni minimizar lo que siente. Aplica las siguientes habilidades:

   o Autoconocimiento.
   o Gestión emocional.
   o Aceptación activa.
   o Red de apoyo (comienza a compartir con amigas su situación).

2. **Activación de recursos personales y redefinición de metas.** Una vez que ha aceptado su situación, Ana se plantea objetivos alcanzables:

   o Aprender a gestionar mejor su estrés con técnicas de relajación.
   o Rediseñar su proyecto de vida sin su pareja.
   o Pedir una reducción de jornada temporal para cuidar su salud.

   Establece metas semanales, crea recordatorios motivacionales y se apoya en frases de autoafirmación: "Estoy construyendo una nueva etapa", "Lo que hoy me duele, mañana puede enseñarme". En este caso, las habilidades aplicadas son:

   o Establecimiento de metas realistas.
   o Visualización positiva.
   o Automotivación.
   o Pensamiento positivo realista.

3. **Desarrollo de competencias compensatorias.** Debido a la enfermedad, Ana no puede mantener el ritmo físico que tenía antes. Compensa esta limitación reforzando otras competencias: mejora su gestión del tiempo, organiza mejor las tareas del trabajo y propone una nueva distribución de turnos que beneficia al equipo. Pone en marcha:

o Competencias compensatorias.

o Plan de acción adaptado.

o Liderazgo consciente (aplica propuestas que benefician a otros).

4. **Apoyo externo y reformulación cognitiva.** Ana retoma la terapia psicológica. En sesión, trabaja la forma en que interpreta los hechos: deja de ver la ruptura y el diagnóstico como fracasos y empieza a verlos como puntos de inflexión. Comprende que puede reconstruir su bienestar desde otros fundamentos. Al hablar con otras personas en su situación, también se siente menos sola. En esta fase, Ana aplica lo siguiente:

o Reestructuración cognitiva.

o Apoyo social.

o Narrativa resiliente.

5. **Consolidación de aprendizajes y transformación personal.** Meses después, Ana no solo ha superado los eventos iniciales, sino que ha incorporado nuevos hábitos (camina a diario, se alimenta mejor, se comunica con mayor asertividad). Se siente más segura, más libre emocionalmente y más capaz de afrontar futuros retos.

Ana ha integrado los recursos resilientes no como soluciones aisladas, sino como un estilo de afrontamiento sostenible. La dificultad no desapareció mágicamente, pero cambió su relación con ella. La adversidad fue el punto de partida para un crecimiento profundo.

Este ejemplo muestra que la gestión de la adversidad implica una combinación dinámica de capacidades: aceptar, actuar, reorganizarse, apoyarse, aprender y avanzar. Cada etapa requiere poner en marcha distintas estrategias, y no todas funcionarán igual para cada persona. Lo importante es disponer de un repertorio flexible y significativo de herramientas, como las desarrolladas a lo largo de este curso, para hacer frente a la vida desde una postura activa y saludable.

Resumen

La resiliencia es la capacidad que permite a las personas afrontar situaciones difíciles, adaptarse a los cambios y salir fortalecidas de la experiencia. No se trata de eliminar el sufrimiento o negar las dificultades, sino de aprender a gestionarlas emocional y mentalmente desde una actitud activa y constructiva. Esta capacidad no es innata, sino que puede desarrollarse y fortalecerse a lo largo del tiempo mediante la práctica, la reflexión y el aprendizaje. En su construcción intervienen tanto factores internos, como el autoconocimiento, la autoestima, el sentido del humor o la autonomía emocional, como factores externos, entre los que se encuentran las redes de apoyo, la presencia de modelos de superación y la existencia de entornos seguros y estables.

El concepto de motivación es fundamental para sostener la acción ante la adversidad. Esta puede ser intrínseca, cuando nace de los propios valores e intereses personales, o extrínseca, cuando depende de estímulos o recompensas externas. El desarrollo de la resiliencia requiere aprender a motivarse de manera autónoma, manteniendo el compromiso incluso cuando las circunstancias no son favorables. Algunas técnicas útiles son el establecimiento de metas realistas, el uso de frases motivadoras, la visualización positiva o la reconexión con los valores personales. Estas estrategias permiten mantener la dirección y la energía necesarias para avanzar en situaciones de incertidumbre.

Por otro lado, superar las limitaciones no implica negarlas, sino aprender a actuar dentro de ellas o a pesar de ellas. A través del reconocimiento de las propias barreras, la reformulación de su significado, el desarrollo de competencias compensatorias y la elaboración de planes de acción adaptados, las personas pueden seguir avanzando incluso en contextos desfavorables. Este proceso requiere claridad, flexibilidad y autoconfianza, así como una mirada realista que combine aceptación y proactividad.

Finalmente, el entrenamiento de habilidades resilientes exige prácticas formativas activas y significativas. Las habilidades personales, sociales y emocionales no se adquieren solo mediante teoría, sino a través de experiencias guiadas, reflexión estructurada y participación activa. Ejercicios como los juegos de rol, los diarios reflexivos, los mapas de resiliencia personal o los talleres de automotivación permiten consolidar aprendizajes y trasladarlos a contextos reales. Estas prácticas deben realizarse en entornos de confianza que promuevan la comunicación abierta, la expresión emocional y la autoevaluación. En conjunto, la resiliencia no es una cualidad extraordinaria, sino una competencia accesible que puede cultivarse a través de la formación, la práctica y la experiencia.

Glosario

Aceptación activa

Proceso de reconocer una realidad difícil sin resignarse ni bloquearse emocionalmente, permitiendo a la persona actuar desde esa comprensión de forma consciente y efectiva.

Autonomía emocional

Capacidad de gestionar las propias emociones y tomar decisiones sin depender excesivamente de las expectativas, juicios o presiones del entorno social.

Competencia compensatoria

Habilidad o recurso personal que se refuerza o desarrolla con el fin de equilibrar una limitación o dificultad persistente, permitiendo mantener la eficacia general en la acción.

Confianza psicológica

Clima interpersonal donde las personas pueden expresarse con sinceridad, asumir riesgos o mostrar vulnerabilidad sin temor a consecuencias negativas, lo cual favorece el aprendizaje y la colaboración.

Modelo de comportamiento positivo

Persona cercana o de referencia que ha superado situaciones adversas y cuya experiencia sirve como inspiración práctica y emocional para otras.

Motivación intrínseca

Tipo de motivación que surge del interior de la persona, basada en el interés personal, el disfrute de la tarea o la coherencia con los propios valores, y no en recompensas externas.

Plan de acción adaptado

Estrategia flexible y realista diseñada para alcanzar un objetivo teniendo en cuenta las limitaciones, recursos y condiciones específicas del contexto personal o profesional.

Red de apoyo

Conjunto de personas significativas (familia, amistades, colegas) que ofrecen soporte emocional, práctico o motivacional en momentos de dificultad, y cuya presencia fortalece la resiliencia.

Restructuración cognitiva

Técnica psicológica que consiste en modificar la interpretación que una persona hace de una situación, con el objetivo de reducir su impacto emocional negativo y generar una perspectiva más adaptativa.

Visualización positiva

Técnica que consiste en imaginar de forma detallada y vívida un escenario deseado o exitoso, con el fin de activar recursos internos, reducir el estrés y facilitar la acción efectiva.

Ejercicios de autoevaluación

1. El *role-playing* permite:

    a. Simular situaciones reales para entrenar habilidades.

    b. Representar historias ficticias sin sentido práctico.

    c. Juzgar las reacciones de los demás.

    d. Aprender teoría sin participación.

2. Un diario reflexivo sirve para:

    a. Hacer una lista de tareas.

    b. Registrar estadísticas.

    c. Observar emociones y aprendizajes personales.

    d. Evaluar a los demás.

3. La confianza psicológica se logra cuando:

    a. Hay control jerárquico.

    b. Las personas pueden expresarse sin miedo al juicio.

    c. Solo habla el formador.

    d. No se permite el error.

4. ¿Cuál es una habilidad emocional clave para la resiliencia?

    a. Cálculo lógico.

    b. Regulación de emociones intensas.

    c. Análisis financiero.

    d. Gestión de inventarios.

5. ¿Qué es una habilidad blanda?

a. Una técnica poco útil.

b. Un conocimiento teórico.

c. Una competencia interpersonal o emocional.

d. Un *software* específico.

6. La comunicación no violenta se basa en:

a. Argumentar con firmeza.

b. Empatía, honestidad y expresión de necesidades.

c. Hablar sin filtros.

d. Evitar el diálogo.

7. ¿Cuál es un ejemplo de técnica de automotivación?

a. Postergar decisiones.

b. Elaborar un tablero de inspiración personal.

c. Criticarse duramente.

d. Evitar nuevos objetivos.

8. ¿Qué tipo de evaluación fomenta el aprendizaje?

a. Punitiva.

b. Estándar.

c. Formativa y orientada a la mejora.

d. Numérica.

9. ¿Qué caracteriza a una práctica vivencial efectiva?

a. Involucra emociones, reflexión y acción.

b. Tiene baja participación.

c. Se basa solo en teoría.

d. Es obligatoria y pasiva.

10.Una persona resiliente:

a. Nunca se equivoca.

b. Tiene éxito sin esfuerzo.

c. Aprende, se adapta y se fortalece ante la dificultad.

d. Depende del entorno para actuar.

Aplicaciones prácticas

Aplicación práctica 1. Técnicas para afrontar situaciones negativas

Módulo 1. Gestión de la adversidad. Obtención de beneficios a partir de situaciones negativas

Rosa trabaja en la caja de un supermercado de barrio. Su jornada empieza con una discusión con un cliente molesto. Después, su responsable le informa de un cambio en el horario que no esperaba. Más tarde, un error en el sistema le hace repetir una operación con una cola de diez personas.

Comienza a sentir frustración, fatiga y deseos de dejar todo. Sin embargo, recuerda algunos ejercicios que aprendió en la última formación sobre resiliencia y motivación personal.

A continuación, se presentan dos posibles escenarios:

- **Escenario 1**. Rosa se toma cinco minutos para respirar y pensar en cómo le gustaría recordar esta jornada. Usa su libreta de frases positivas y repite mentalmente: "Puedo elegir cómo responder ante esta situación". Decide hablar con su responsable para reorganizar su horario y pide a una compañera apoyo temporal en la caja. Al final del turno, se siente cansada pero tranquila, orgullosa de haber gestionado la situación.
- **Escenario 2**. Rosa guarda silencio y acumula el malestar. No se permite expresar lo que siente, ni busca ayuda. Al terminar la jornada, está agotada, con dolor de cabeza y desmotivada para volver al día siguiente. Al llegar a casa, se siente culpable por estar de mal humor con su familia.

Teniendo en cuenta esta información, responde a las siguientes cuestiones:

1. ¿Qué elementos de motivación personal ha utilizado Rosa en el escenario 1?
2. ¿Qué consecuencias emocionales tiene cada enfoque?
3. ¿Qué técnicas de las vistas en el curso podrían reforzarse para que afronte mejor la adversidad del día?

Aplicación práctica 2. Respuesta resiliente

Módulo 1. Gestión de la adversidad. Obtención de beneficios a partir de situaciones negativas

Luis acaba de cerrar su pequeño negocio por dificultades económicas. Siente tristeza, culpa y miedo al futuro.

Tiene varias opciones sobre cómo actuar. A continuación, se plantean tres caminos posibles:

1. Decide no hablar con nadie de lo sucedido, se encierra en casa, deja de responder mensajes y evita cualquier conversación sobre el tema.
2. Llama a un antiguo compañero que también tuvo que cerrar su tienda. Comparte su experiencia, reflexiona sobre lo que ha aprendido y empieza a investigar otras formas de generar ingresos usando lo que sabe.
3. Publica en redes sociales un mensaje culposo responsabilizando a los clientes por no haber apoyado el comercio local. Se siente liberado, pero sigue enfadado, sin tomar decisiones nuevas.

¿Cuál representa mejor una respuesta resiliente? ¿Por qué?

Ejercicio de evaluación final

1. ¿Qué es la resiliencia?

   a. La capacidad de no tener emociones.

   b. La habilidad para evitar los conflictos.

   c. La capacidad de adaptarse y fortalecerse ante la adversidad.

   d. La estrategia de ignorar los problemas.

2. La resiliencia se considera:

   a. Una habilidad hereditaria.

   b. Una capacidad que puede desarrollarse con entrenamiento.

   c. Un rasgo fijo de personalidad.

   d. Una técnica psicológica avanzada.

3. ¿Cuál de los siguientes es un factor interno que favorece la resiliencia?

   a. Autoconocimiento.

   b. Políticas públicas.

   c. Condiciones económicas.

   d. Redes institucionales.

4. La autoestima es importante porque:

   a. Elimina todos los problemas.

   b. Ayuda a confiar en uno mismo para afrontar dificultades.

   c. Asegura el éxito financiero.

   d. Permite evitar decisiones difíciles.

5. ¿Qué característica describe mejor el sentido del humor como factor resiliente?

    a. Permite evitar responsabilidades.

    b. Ayuda a relativizar los problemas.

    c. Elimina el estrés automáticamente.

    d. Sirve para agradar a los demás.

6. La autonomía emocional implica:

    a. No compartir las emociones.

    b. Depender siempre de la opinión ajena.

    c. Tomar decisiones propias sin presión externa.

    d. Aislarse ante los problemas.

7. ¿Qué se entiende por red de apoyo?

    a. Un conjunto de instituciones oficiales.

    b. Personas cercanas que brindan ayuda emocional y práctica.

    c. Una comunidad virtual.

    d. Un sistema informático de soporte.

8. Un entorno seguro en formación debe fomentar:

    a. El individualismo.

    b. La confianza y la comunicación abierta.

    c. La evaluación estricta.

    d. La competencia entre participantes.

9. Un modelo de comportamiento positivo es:

   a. Una persona idealizada sin errores.

   b. Alguien que ha superado dificultades y sirve de inspiración.

   c. Una figura famosa de éxito.

   d. Un entrenador profesional.

10. La motivación intrínseca se basa en:

   a. Recompensas económicas.

   b. Reconocimiento externo.

   c. Intereses y valores personales.

   d. Castigos por no cumplir metas.

11. La motivación extrínseca depende de:

   a. Factores externos como recompensas o presión.

   b. Intereses internos.

   c. Capacidades emocionales.

   d. Nivel de inteligencia.

12. ¿Qué técnica ayuda a imaginar mentalmente un logro deseado?

   a. Resolución de conflictos.

   b. Escucha activa.

   c. Visualización positiva.

   d. Gestión del tiempo.

13. Las autoafirmaciones son útiles porque:

   a. Sustituyen la terapia.

   b. Anulan los pensamientos negativos.

   c. Refuerzan la confianza y el enfoque positivo.

   d. Evitan toda crítica.

14.Establecer metas realistas permite:

a. Dividir los objetivos en pasos alcanzables.

b. Aumentar la presión.

c. Acelerar procesos complejos.

d. Eliminar el esfuerzo.

15.¿Qué tipo de motivación es más duradera?

a. Extrínseca.

b. Intrínseca.

c. Reactiva.

d. Obligada

16.Superar una limitación significa:

a. Ignorarla completamente.

b. Afrontarla con estrategias adaptadas.

c. Esperar que desaparezca sola.

d. Evitar situaciones similares.

17.La reformulación cognitiva consiste en:

a. Bloquear pensamientos negativos.

b. Imponer ideas optimistas.

c. Cambiar la forma en que se interpreta una dificultad.

d. Negar la realidad.

18.Una competencia compensatoria es:

a. Una habilidad inútil.

b. Un mecanismo de defensa.

c. Una capacidad alternativa que refuerza otra más débil.

d. Una técnica de castigo.

19.Un plan de acción adaptado debe:

a. Ser rígido y estricto.

b. Imponerse sin diálogo.

c. Tener objetivos claros, realistas y flexibles.

d. Evitar el error a toda costa.

20.¿Qué herramienta permite identificar apoyos y recursos personales?

a. Rueda de problemas.

b. Mapa de resiliencia personal.

c. Tabla de motivación.

d. Gráfico de metas.

Solucionario

Módulo 1. Gestión de la adversidad. Obtención de beneficios a partir de situaciones negativas

1. a	**6.** b
2. c	**7.** b
3. b	**8.** c
4. b	**9.** a
5. c	**10.** c

Bibliografía

Monografías

DOLAN, S. L., y DE PABLO AYLLÓN, F. J. (2022). *Los secretos de la resiliencia: Combatir el estrés en un mundo ambiguo e incierto.* Profit Editorial: Barcelona

> Esta obra electrónica ofrece un enfoque práctico y fundamentado en investigaciones de largo recorrido sobre cómo fortalecer la resiliencia personal y profesional ante la complejidad, volatilidad y ambigüedad del mundo actual. Los autores analizan el impacto del estrés crónico en el equilibrio entre vida laboral y personal, y proponen herramientas concretas para potenciar la autoestima, el bienestar físico y emocional, y la adaptación frente a la adversidad. Dirigido a profesionales de diversos ámbitos, el libro combina teoría, casos y ejercicios prácticos en cada capítulo, convirtiéndose en una guía útil para gestionar las demandas del entorno contemporáneo.

GONZÁLEZ SERRA, D. J. (2022). *Los niveles de la motivación. Teoría y evaluación.* Editorial Pueblo y Educación: La Habana.

> Este libro examina en profundidad los fundamentos psicológicos de la motivación humana, abordando sus distintos niveles desde una perspectiva teórica y evaluativa. Partiendo de la idea de que la autorrealización y la implicación en los deberes sociales son claves para alcanzar la felicidad personal, la obra analiza cómo se configuran los procesos motivacionales en la vida cotidiana. El autor, con sólida formación en psicología, propone un enfoque estructurado y reflexivo que resulta de utilidad tanto para profesionales de la educación y la salud como para cualquier persona interesada en comprender mejor la dinámica interna del comportamiento humano.

Webgrafía

5 pasos para mejorar la resiliencia en tu vida diaria

https://amazonia-teamfactory.com/blog/mejorar-la-resiliencia/

Aceptación positiva, algo más que resignarse

https://www.tupsicologia.com/aceptar-o-luchar/

Aceptar y gestionar nuestras limitaciones

https://isabelmariacoach.com/aceptar-y-gestionar-nuestras-limitaciones/

Camino a la resiliencia

https://www.apa.org/topics/resilience/camino

Creación de resiliencia Mapeo de resiliencia Mapeo de resiliencia Trazando el camino hacia la fortaleza personal

https://fastercapital.com/es/contenido/Creacion-de-resiliencia--Mapeo-de-resiliencia--Mapeo-de-resiliencia--Trazando-el-camino-hacia-la-fortaleza-personal.html

Motivación intrínseca y extrínseca: qué son y por qué las necesitas

https://www.santanderopenacademy.com/es/blog/motivacion-intrinseca-y-extrinseca.html

Resiliencia: desarrolla habilidades para resistir frente a las dificultades

https://www.mayoclinic.org/es/tests-procedures/resilience-training/in-depth/resilience/art-20046311